Círculo Rojo

CONVERSACIONES CON LA LUNA

Conversaciones con la luna

ONAWA

Círculo Rojo
EDITORIAL

Primera edición: enero 2023

Depósito legal: AL 3689-2023
ISBN: 978-84-1061-035-4

Impresión y encuadernación: Editorial Círculo Rojo

© Del texto: ONAWA
© Maquetación y diseño: Equipo de Editorial Círculo Rojo

Editorial Círculo Rojo
www.editorialcirculorojo.com
info@editorialcirculorojo.com

Impreso en España — Printed in Spain

El papel utilizado para imprimir este libro es 100% libre de cloro y
por tanto, ecológico.

Prólogo

Indago en el mundo en el que vivo..., el porqué de un sí a la respuesta de seguir, donde reina la codicia marcada por utilizar más de lo que necesitamos, desplazando todo como si no importara nada, donde da igual que el sol se desgaste, las nubes cubran el manto de estrellas o la luna no brillara...

Donde la sonrisa de un niño en otro punto del mundo da igual, u otra cultura tenga menos derecho y que, por derecho, el único lado correcto es el que el egoísmo lleva puesto...

¿Por qué?, me pregunto, si los sueños parece que son de otros. Parece imposible andar tu camino, y tu sonrisa, la fuerza de ver en boca de cenizas... ¿Por qué? Solo hay un ¡por qué! Porque tú existes...

Introducción

En mi punto más lejano, me siento a escribir estas líneas, no por enseñarlas, sino por dar rueda a una serie de sentimientos donde, si no están en texto, se perderán con el tiempo.

La chimenea tiene la llama y a esta la enciende el viento.

Por muy lejos que estés, tranquila, que te encuentro... Este libro se escribe con una condición: improvisaciones en el momento; quedarán recogidas en diferentes espacio-tiempos, pero el contexto... Pregunta al escritor. Te diré: ¡mejor el directo!

Y si no estoy, recuerda, solo existe quien vive en tu pensamiento. Recuérdame sonriendo...

14.08.2023

Por cada sonrisa... ¡Gracias!

17

... te quedaste sentada
sin paso
esperando
a quien te abandonó
por querer todo,

cuando...
quien te ayuda a dar pasos
lo dejaría todo
solo...
por sentarse contigo.

05.08.2023

21

Me desperté teniendo todo, pero al abrir
el ojo, no tenía nada, batallando
mi alma, buscando tu mirada...

Entonces entendí que había sido todo
un sueño. Empapado en mis sábanas,
empecé a mojarlas, ahora de lágrimas...

Quise dibujar el momento, pero mi arte
no entiende de trazo. Paré de escribir
estos textos donde ilustro tu retrato...

El viento sopla de brisa, bailando con
tu pelo aromatizando mi sonrisa, que
en tus labios se fija, mordiendo el inferior
tan lento que el tiempo se paraliza...
Mientras, el sol rojo se apaga. En la
mejor luz del día, tus ojos, cual felina,
me miran. Se congela el ambiente y
el hielo me quema constantemente...,
pero tu lengua rozó con la mía
para apagar el fuego, navegando
en deseos que se hacen realidad.
En una fusión perfecta, nos fundimos
lento, como una buena pieza de artesanía,
creando una cerámica renacentista

que despierta en la primera luz del
día, dando los buenos días.
Cuando yo despierto de un salto,
espero inquieto la vuelta de
tus ojos en el contacto.

25.06.2023

34

Cómo decirte que se deshacen
mis huesos mientras escribo,
que se funden entre la lluvia
que cae de mis ojos rojos
y rozan con las piedras de
mis manos agrietadas por no
tener donde agarrarse...

Tal es tu ceguera que con tus otros
cuatro sentidos no hay ni uno
que no te diga que mi vida
solo tenía sentido si era contigo.

Me perderé en el sonido de mi
llanto para anular el conocimiento
de las voces que me piden el
olvido; centrándome en caer rendido
para poder soñar contigo...

28.04.2023

15

Recuerdos de un jueves 3 de agosto
donde un secuestro que espera con
tensión y cincuenta y cinco minutos de incomprensión
paran un coche de color pasión...

Bajas escalón tras escalón a un balcón
y capaz eres de apagar al mismo sol.
Un atardecer con vistas increíbles;
donde mires, solo hay una
cosa que se paralice...

Tu pelo lo mueve el viento con envidia,
pero son tus ojos que no se me olvidan,
que brillan, lo que me acelera el
pulso, pero me congela y una mirada
de tres segundos se queda por siempre
eterna.

Un momento perfecto que en este 23 es
lo mejor que mi cerebro recuerda.

14.08.2023

0

¿Cuánto...?

Imaginemos que llegarás a las ocho de la tarde...
Comenzaré a ser feliz desde las siete

todos los días.

18

Tecleando en mi angustia, donde te escribo
sin escribirte porque puedo molestar.
A veces, para avanzar, no hay que estar;
solo espero el momento oportuno para,
un poco de directo en la realidad,
colarme en tu mente, darle al botón
de recordar lo que haces por borrar,
y en ese preciso instante de miradas que
vuelven en tu mente, disparar mi flecha
con el mensaje más real que existe,
donde te pregunto si eres capaz de
imaginar cómo sería una vida sin
pensar, solo caminar, tú conmigo y nada
más...

06.08.2023

12

Comprendí que no soportaría
la idea
de no escuchar su sonrisa.
Para mí,
el agua en la sequía,
el fuego en el frío,
la brisa de cada día.

(365)

1

Me siento a tener una conversación
con la luna, está triste y se hace
pequeña, me preocupa...

Ella no dice nada, se oculta. «¡Por qué
me quitas la única cara que me das!»,
le grito; ella suspira y susurra:

—Ya no soy luz en tu noche,
me abandonas por sueños
que dibujan miradas.

Ahora me pregunto... Si supieras que
tu mirada felina provoca celos hasta a la
misma luna..., que tus ojos se presentan
en forma de sueños rascando mis pulsaciones
en exceso... Vuelo... en tu beso y lo peor
es cuando despierto...
Como en *Origen*, es un triple sueño: el primero, con la luna
converso; el segundo, tus labios con los míos haciendo
versos; el tercero es que esto siempre
se quedará en mí, dentro.
La luna se marcha dando paso
a la luz del sol. Despierto, me pauso
y silencio. Te veo. Mis ojos te
muerden, pero silencio, te vas y solo

pienso...
«Qué bien estaba durmiendo».

¡Felices sueños!

30.03.2023

44

«En la soledad
de mis noches
sin luna,
busco
los luceros de tus
ojos verdes».

(Cada día sin ti)

23

Y..., de repente, empiezo a dibujar paisajes
en mi mente. Gótico el ambiente por
falta de profundidad en el horizonte...
Entonces, paro y vacío, como la reflexión
de si calor o frío. Mi respuesta comienza
contigo... Cojo aire... Suspiro...
Sigo, me quedo contigo.

Mi hipotálamo funde el carbón del tren,
quiero darle color, pero borrosos son mis cinco
sentidos. Busco el sexto, lo despierto, me dirá
el camino. Dice: «Tranquilo». Entonces, me
pinta un río. Sigo el curso. A veces,
me hundo; otras, te busco. Contenido como
un libro de filosofía, ¿acaso hay algo en
el paisaje que no sabías?

Solo miradas distendidas por no disparar
la valentía. ¿Qué decías?

10.04.2023

5

Una conversación con contenido sube mis
pulsaciones; fue un deporte extremo, todo
el sentido... mi palabra fluye como el
trazo de un pintor experto. Mis ganas
de que contestes son como la magia de
un libro abierto, puro renacimiento. Lo
creas o no, luz, no miento. Normalmente,
le escribo a la sombra, pero si tu
pelo me asombra, pues oportunidad a esta
letra. Ventana abierta como un cuadro
de Dalí, pura certeza; le daré delicadeza.
Gracias por la luz bendita. Tu destreza...
Le doy al *stop*, pero comienza, da igual
lo que me inyecta, solo escribe otra
vez y tictac: se desvanece.

La felicidad.

Cualquier día

8

Con mis manos no puedo agarrar
la decisión que depende de ti...,
pero mi razón solo se sostiene
si mi corazón late...

Por eso, no pares de mirarme;
aunque no estés, no pares,
pues es mi pálpito estable
si siento tus ojos acercarse.

15.08.2023

11

Cuando creí que lo había experimentado todo
(imposible dejar el corazón roto), me
encontré navegando en mi soledad conversando
con el llanto de una lágrima que ya
no tiene fuerzas ni para desprenderse de
mis humildes ojos, que se retuercen
de dolor por no poder verte de frente
y conversar con tu mirada que tanto
anhela...
En la conversación gritamos: «¡Esperanza!»,
pero esta se disuelve como el sol dando
paso a la luna oscura y un manto
de nubes que no permite ver una
estrella siquiera...

Pero es mi angustia que desde abajo me
grita que sobran los motivos cuando
faltan las razones, que no importa no
ser correspondido, pues la experiencia de
amar te transforma...

Gracias, pues, por lo que me has
hecho ser; ojalá pudieras
surcar mis pensamientos
conmigo, pues entenderías los
puertos que te esperan, llenos de aromas, primaveras, pasión...

Motivos que,
seguro,
te llenan.

08.08.2023

27

Y sin buscarte te encuentro en todos
lados. Pongo la mente en blanco, pero
la llenas de colores. Quitaré la música,
pero sonarán las letras hasta tu ventana.
Taparé mi nariz y todo seguirá oliendo
a ti...

Te buscaré entonces, pero no estarás. El
camino de colores lleva a un callejón
sin salida, la música será un
violonchelo que se apaga, pero tu
olor seguirá constante...

Me refugiaré entonces en el aroma
de la última vez que vi tu pelo
al atardecer, donde la luz roja
daba señales de mi destino, perdido
y ensangrentado por dejarme en el
olvido.

Pero te buscaré, te encontraré
en todos los lados,
pero sin el roce de tu mano
y las caricias de tu mirada,
que no me permiten
mi pestañeo.

09.07.2023

30

Esperando que se crucen en intensidad
las miradas del sol y la luna...
Parece que una se apaña, otra ilumina...
Pero mira, solo es un punto de vista...
Quizás se estén buscando constantemente
en un ciclo de 24 que gira y gira.
Ese es su baile y, para nosotros,
la vida.

Por eso, piérdete en las pocas miradas
que parecen perdidas, pero llenan de luz
tu día, aunque sea solo un instante,
aunque solo sean diecisiete segundos...
Aunque tardes veinticuatro al día, sé como
el sol, la luna. Qué más da si
amanece o cae la noche.

Juntos de por vida.

30.06.2023

10

—Buenos días, amigo cerebro, soy
el corazón y empieza el duelo. Te reto...
Paz y calma pido; un poco de razón,
porque entrar en discusión atiende a
la razón...

—Qué va, señor cerebro, piensa un poco, tú que
puedes, y dame ritmo, que me acelero
solo, ¿o ni hueles su pelo?

—Reduce la tensión —dice el cerebro—,
es la mirada de una cobra que te domina,
parece que ilumina, pero caerás desde arriba.
—Quizás eso sea cierto, amigo cerebro.
Te pongo en contexto: muchos años manteniendo
el equilibrio, sin volar. Intentamos
coger aire y despegar. Yo creo
que más que cobra es un...

»Volverás agachado a cuarenta pulsaciones, yo
descargaré
en forma de rayos las emociones, no
me gusta que llores.

»Mi lágrima no será perdida
preguntándole al erizo de mi piel. A siete

segundos de mirada que solo se cae
a mirar su boca. Se me cae la baba,
los pies me bailan como Michael...
Jackson. ¿Qué te pasa? Escucha el claxon:
dos telediarios y se apagará tu radio.
Motivos de pasión o de sosiego, mírate al
espejo. Tú quién eres, devuélveme mi
montaña rusa, equilibrio fuera, sal de la
funda y vive.

—Quizás me estés convenciendo, mi sangriento
amigo. Recogeré tus pedazos si das el
paso... Tu hombro, tu regazo.

—Gracias, cerebro, por pensar con corazón verdadero.
Equilibrio que atiende a razón. Pasión, dame llama,
enciende el fuego. Siete segundos de mirada, bajo a
la boca, se me cae la baba... Jaguar o cobra,
da igual, pero, por favor, mírame hasta
que el reloj gire a la izquierda...

18.06.2023

9

Te escribo en esta carta cuatro letras
para decirte... que vuelvas otra vez
aquí, a mi vera, porque te quiero...,
y es que no te olvido...

Cómo va a caer en el vacío el que no tiene
voz cuando estoy contigo. Se hiela mi corazón,
que desprende fuego en el primer gesto de
tu mirada. Quién necesita palabras
cuando los ojos hablan... Paralizado,
en el corte de tu roce derrite mi estatua
como hierro ardiente el hielo. Por eso
hoy escribo, pues hablar no puedo...

Cómo no va a subir al cielo para retar
al mismo sol, que ni juntándose con la luna
llena puede iluminar lo que suelta tu
boca de aire cuando suspiras. Sísmico
el suelo cuando pisas, una elipse cuando
sonríes, cuatro letras para decirte que tú
tampoco lo olvides...

09.06.2023

98

¿Cómo o cuánto?

Un niño que perdió su pelota.
El primer día de vacaciones sin tu amiga.
Abrir un buzón y girar cabizbajo sin respuesta.
El segundo día de lluvia después de verano.
Cerrar la ventana porque ya no huele a brisa de mar.
El tercer día que tu perro no está.
Desaparecer ese recuerdo del cajón de tu abuela.
El cuarto día que no hay tus señales...

No sé describir ni el cómo ni
el cuánto...

Solo sé que, cuando no sé,

te echo de menos.

17.08.2023

3

Melatonina como forma de vida.
Vida perdida por ti, no caigo en la bebida,
pues quien bebe, olvida,
pero quien sueña, respira,
y hoy son tres los días que me quedan
para verte y tres miligramos son los que
he tomado porque, si no te veo,
prefiero vivir soñando, y en el sueño
pido un deseo, que hasta me lo
creo: que puedas ver el mundo a través
de mis ojos y que, cuando te mires,
digas:
«¡Me lo creo!».

19.08.2023

33

Plagio:

«No hay ninguna gota de emoción, ni el más
mínimo entusiasmo. Demuestran la misma pasión que
dos pingüinos. ¿Dónde está tu arrebato?
Quiero verte flotar, cantar apasionadamente, bailar
en éxtasis. Que seas deliberadamente feliz, o
dispuesta a serlo. Sé que suena cursi, pero...
El amor es pasión, es obsesión, es no vivir si
esa persona falta. Pierde la cabeza, enamórate
locamente de alguien que te ame de igual
manera... ¿Cómo encontrarlo? Olvida el intelecto
y hazle caso al corazón. No oigo eso en ti.
Lo cierto es que, sin eso, la vida no tiene
sentido. Llegar al final del largo viaje sin
haber amado sería como no haber amado.
¡Tienes que intentarlo! Porque, si no lo intentas,
no habrás vivido.
¿Quieres que te lo vuelva a decir, pero en versión
abreviada?
No te cierres.
Nunca se sabe, podría abrirse el cielo».

Conoces a Joe Black

53

Mañana te veré después de veinte días y
te mentiré veinte veces si hace falta, al menos,
con palabras. Te intentaré ocultar todo...
Giraré veinte veces por segundo la cara para
que no veas mi mirada, ya que esa
dudo que no diga la verdad. Intentaré
ser frío y cuando me preguntes «Qué
tal», iré directo al invierno por fallar
a mi palabra. Tú que eres veinte veces
más inteligente, te darás cuenta y
por dentro, sin atreverte, te dirás:
«¿Por qué me miente?». Pero apretaré los dientes
sin decir nada y en el cruce de miradas,
cuando no se pueda ocultar nada, entenderás
la realidad...

Que no he podido parar ni un segundo
de pensar en ti, que no hay nada
que pueda producirme más felicidad
que verte hoy sonreír y que,
si pudiera elegir, te elegiría a ti, una y otra
vez, aunque mi destino metiera mi vida en el hilo,
pues de qué valdría si no es ese cruce de miradas contigo
y fin a este texto. Solo una cosa más: te echo de menos
a cada segundo, por supuesto.

22.08.2023

82

Bendita naturaleza, en ti creo, pero hoy
me confieso: empiezo
de tus arenas, pues ellas piso descalza;
de tus rocas, pues ellas se sientan a que deslumbres;
de tus alimentos, pues nutren su hermosa tripa;
de la música, que fueron tus árboles y mueve sus brazos;
del agua, que cae en sus senos y le pone la piel de gallina;
del fuego de tus chimeneas y hogares, que parecen su
sudor;
del frío que le hace morderse los labios;
de tu sol, de tu luna, por abrazarla en los días;
del viento, que acaricia su pelo y lo mueve ferozmente;
de cada paisaje donde ella mira, pues sus ojos son vida;
de cada animal que tocara con esas manos divinas,
pero
de verdad que lo que más
de tu tiempo, pues eres eterna y muero
de agonía por no poder verla como
tú haces cada segundo del día.

Aquí me confieso: todo son celos.

20.08.2023

64

Miro al lugar donde estabas, donde
se paralizó el tiempo. Hoy parece perfecto:
un sol rojo cayendo, pero créeme que
a ni medio parecer con aquel día,
y ese nivel la luz ilumina rojiza y se
mueven las ramas, similar ese día a tu pelo,
pero reitero: hoy no; la otra vez sí se paralizó
el cielo.

Hoy, reflejo de la invocación de cualquier
religión, meditación o energía, pues confío plenamente
en que tú harías de mí el mejor yo, y por
ello peleo, respiro y me imagino siempre
tu aroma, tu mirada, tu pelo...

23.08.2023

26

Desnudo, sentado, le doy otra vez a actualizar
sin entender nada, pues veo la pantalla borrosa
por mis ojos encharcados, pero todavía me
queda algo de visión para ver que sigues
sin contestarme y tiro el teléfono por
la ventana gritando hacia dentro, pues
a nadie le importa escucharte mi llanto, y
después me arrastro como un perro
detrás de la pelota para encontrarla y otra
y otra vez vuelvo a actualizarlo...
Sale el sol, llueve, amanece, nieva...
Mi cuerpo es parte del asfalto y solo me
muevo para ir por el cable y lo cargo. Pido
por cualquier tipo de infarto:
el que me lleve
o el que te vienes y te digo lo que te amo.

26.08.2023

66

«No puedes cambiar a alguien
sin destruir lo que fue».

Efecto mariposa

26.08.2023

7

Muchos tipos de noches en vela y velas
donde ruegas al universo lo que deseas.
Miradas al cielo con manos arriba.
Mensajes a la luna, al sol, astros,
siempre ayuda, pues abracen mi camino
y me guíen sin dudas... En un camino
de curvas preguntándome el porqué. Sin
pensarlo, me encuentro mirándote sin
parar. Creo que ese momento era imposible:
pulsaciones disparadas, piel vibrante, ojos
penetrantes... Al fin, el sabor de tus labios
hace que todo tenga sentido, que XXXX
universo, que me pongas caminos, pero
siempre con ella y contigo.

01.09.2023

71

A tus labios...

De lejos cumples la misma función
que, en la noche, la luna.
A media distancia generas
lo que una mirada felina
de cerca es sencillo:
se finalizan las dudas
al tacto, suave ternura,
el aroma, embriagadora, locura,
entreabierta, se prende la llanura
si te muerdes, te congela, paraliza,
pulsaciones arriba, tu saliva.
Como besas, ninguna.

03.09.2023

72

A tu mirada...

Y de repente, como por brujería, te giras y en
ese momento de medio segundo en el que se cruzan
hay una eternidad que transforma mi estado
en un elemento.

Hielo.

Me atrevo y con miedo lo intento. Me clavo
como estaca, me quemo...

Fuego.

Conecto, muerdo labios y vuelvo, agresividad
de pantera.

Truenos.

Me acerco suave, lento, intenso; pulsaciones
disparadas y comienzo... el

vuelo.

09.09.2023

34

Y si me encuentro con ganas de verte,
treparé el poste de la luz para que puedas verme.
Y si me caigo, tranquila, que no seré inerte,
pues al roce de tu mirada me salen alas y vuelo al tenerte.
Se me acaba la cobertura cuando paseo contigo,
pues quién necesita una señal en tu camino.
Despierto, sueño; de regalo, te envuelvo
y que, por ti, no lo creo. ¿Es real? Me muerdo.
Y si supieras el tiempo que paso mirando
a la nube, a ver si te subes.
Que el ritmo no pare y jamás dudes,
pues en el cruce de caras diciendo
todo sin decir nada, me quedo
contigo y siempre mañana...

13.09.2023

41

Y me nacen caracoles

en las manos de

la lluvia que

desprenden mis párpados.

27.08.2023

49

No es lo mismo querer la flor
que querer la raíz que dé la
flor. Eligió tu raíz frente a
tus flores..., pero no en distancia.
Elijo regarla con sed, elijo el
espacio cuando se inunde, elijo el
invierno cuando no se ve...

Cuatro estaciones de cuidados, soy
dependiente de verte, pero con la
tranquilidad suficiente de saber que
no es por tenerte, sino por entender
los estados de tus raíces por siempre.

17.09.2023

20

Me dijeron que lo importante
es amar algo y dejarlo
libre... Que te sonría es
el camino,
pero...
En el camino de su sonrisa yo
también sonrío mientras me quedo
prisionero en un enamoramiento certero.

17.09.2023

87

Existen cosas bonitas en este mundo:
pinturas que inspiran, paisajes que calman,
esculturas que paralizan, lugares mágicos,
canciones que nublan, y luego hay
personas por cada una de esas pinturas,
paisajes, esculturas, lugares, música...

Después, definitivamente, estás tú, pues
eres la fusión de todo lo anterior en
el máximo exponente de belleza de las
señales que puede recibir mi cerebro
en los seis sentidos...

17.09.2023

25

A tu viaje desde Extremadura...

La magia no existe, dicen...
Los sueños son sueños, dicen...
Las películas no son realidad, dicen...

«Si no te corto, podría estar hablando
contigo hasta que llegara a Zaragoza».

¡Dices!

Mi sueño es crear una película
mágica juntos, donde no te calles
nunca y yo no paro de mirarte.

17.09.2023

59

Y ahora que trepo por tus ramas
disfrutando del aroma de tu salvia,
enredándome con las hojas flotan
como por arte de magia y me dejan
embobado por la mirada de tus flores...

Ahora, cuanto más subo, más siento;
que, si caigo, no levanto, pero que si
subo un poco más la luz, no daré
la mejor vista que pudiera sentir jamás.

Así que ahora no me hables de vejez,
háblame de agarrar las lianas de tus
manos para conectar tan fuerte que con
la humedad del rocío de tus labios
vuelve hasta la cima y en la copa
bailemos hasta que el ahora
siempre...

21.09.2023

24

«Descansa en el final, no
en el medio».

Kobe Bryant

Podríamos decir entonces que cogeré
aire cuando despierte y sea feliz
solo por verte sonreír...

Pero creo que solo
las estrellas serán testigo
de mi descanso, pues día a día
despertaré con el día por delante
entregando cuerpo y alma por que
sientas orgullo en lo que ves delante.

23.08.2023

91

Y suena el ascensor y siento
que tu pisada tiene aire de mal
día... Vibra la puerta con el
chinchín de las llaves.
Entras, suspiras, pero me miras.
De todas las formas, siempre lo
mejor de cada día.

22.09.2023

89

¿Cómo se llama?
Cuando la distancia te araña.
¿Cómo se llama?
Cuando ves un niño y lo imaginas con tu pelo.
¿Cómo se llama?
Cuando se habla de viajar y solo imaginas cómo cuadra
su foto al paisaje.
¿Cómo se llama?
Cuando el aire fresco te cierra los ojos, golpea
en la cara y sientes el aliento de la brisa de tu aliento.
¿Cómo se llama?
Cuando, escuches la conversación que escuches,
piensas: «Luego te cuento»...
¿Cómo se llama?
Cuando no estás, te falta todo; cuando estás
todo, te sobra...
¿Cómo se llama?
Si cada segundo contigo es lo mejor de la semana,
¿cómo se llama?

Te amo, se llama.

24.09.2023

51

Entre sonreír tú o yo...

Sonríe, pues provocas

que se dibuje

la mía.

24.09.2023

77

Lo sientes... El fuego también cruje,
hace ruido... Pues así es, latidos
que encienden mi cuerpo con un resultado
imprevisible, dibujando un sentimiento
que quizás pude imaginar, pero que
ahora siento como la dicción: se
queda lejos de la realidad...
Hablemos de eso entonces, de
chimenea, de fuego, de paralelismo
con tus ojos... De ti por delante y nada más.

30.09.2023

37

A todas las aves del cielo, os
dedico estas letras... A todas
las que surcáis las nubes flotando
seguras, viendo todo desde arriba,
observando un mundo pequeñito desde
las alturas... Nada importa, no
hay peligros, estáis seguras; cierta
divinidad cuando planeáis mientras
disfrutas del aire rozando vuestros
rostros...
Mi envidia fue constante. Os
miraba desde el suelo con celos... Hasta
hoy, amigas, pues hoy surqué el cielo.
Como vosotras, navegué entre algodones
y recibí el aliento de sus pulmones
aromatizando el vuelo de un momento
que, por siempre..., ¡eterno!

01.10.2023

80

Y abro la puerta del coche, te
invito a subir; el corazón disparado
por tu sonrisa cuando te dejes ir...
Vuelvo esta vez a mi lado, abro,
me siento, miro a la derecha, no estás
y arranco. El motor suena a la misma
velocidad que por dentro mi llanto,
pues créeme, la felicidad de verte
me invade, pero no hay dolor más
grande que de ti separarme.

01.10.2023

61

Plagio

«La impaciencia por
la victoria
es garantía de derrota».

Plagio

96

Imaginas que pudieras entrar
en una imagen, andar por ese
paisaje. ¿Qué harías? ¿Qué dirías?

No pares, me diría, aguanta tu lágrima
y camina, pero dila. Contigo,
contigo, vida mía, pues hoy me
pierdo en tu foto, mañana también
me perdería y dentro de diez años
jamás te olvidaría.

06.10.2023

99

Y en la soledad de mi pausa,
con el frío de mi vacío, es cuando
la lágrima de mi llanto hace florecer
en forma de paisaje la realidad
de mi recuerdo vivo, y aunque
queramos desplazarlo, serán eternos
en nuestras memorias. Por eso elijo
el paisaje del charquito de mis ojos,
pues me llevan a un sueño en el que
no tuve que cerrarlos, ya que todo
era maravilloso y real.

08.10.2023

68

No tiene sentido leer sobre mis
34 años, 12418 días, qué más da...
lo que lleve a la espalda, ¿verdad?
Lo que importa es lo que hacemos
con las 24 h y los 1440 minutos...
para coleccionar momentos únicos, mágicos,
eternos...
Pues permíteme que hoy sí hable de
mi edad, pues me sorprende a mí mismo
que tú y solo tú, cuando pensé que
lo había vivido todo, hagas y consigas
que cada segundo contigo sea totalmente
diferente a los más de mil millones
de segundos antes de conocerte.

08.10.2023

85

A mi ansiedad...

Te escribo a ti, ser ansioso que no
controlas tus emociones, que no respetas
ni un segundo el espacio de la vibración del
dolor, que lo pierdes todo, incluso a ti, y
se ve que no te quieres nada...

Te respondo ansioso pero tranquilo, amiga
ansiedad, y te doy las gracias, y si no
me quiero, pues lo siento, pero la alegría no
le guía al orgulloso, y me levantaré como
un oso, correré como una pantera y morderé
como un cocodrilo cuando en el corazón
de quien amo vea sufrimiento en forma
de latido.

A amar se aprende amando.

08.10.2023

39

Plagio

La paz es una mentira,
solo hay pasión.
Con la pasión, obtengo fuerza.
Con la fuerza, obtengo poder.
Con el poder, obtengo victoria.
Con la victoria, mis cadenas se rompen.
La Fuerza me liberará...

«La pasión es lo único que no
está de más cuando
está de más».

Plagio

08.10.2023

81

A la intensidad...

«Grado de fuerza con que se manifiesta
un agente natural, una magnitud física, una
cualidad, una expresión...».

No entiendo la magnitud física de tu mirada.
No entiendo por qué tu expresión me roba el sentido.
No veo explicación a los agentes naturales de tus aromas.
No comprendo por qué tus cualidades me fascinan...

Pero sí entiendo algo: que la intensidad
no se elige, simplemente, se despierta... ¿Cómo?
Con alguien a quien beses y se genere el
cosmos a tu cerebro. Se destruye todo y cuando abres
los ojos tienes, de repente, un mundo nuevo...

No soy, no somos intensos,
somos una realidad que no
se puede explicar.

08.10.2023

73

Imagina tu paso creando vida.
Imagina tu palabra rompiendo cadenas.
Imagina tu aroma generando chorros de endorfinas.
Imagina tu aliento paralizando el sentido.
Imagina tu mirada desbancando al sol.
Imagina tus manos fabricando sueños
con sus letras en escritura.
Imagina tu cintura dibujando pasión
más pura...

Ahora, para, observa el reflejo
del agua donde, junto con tu
luz, eres creadora de toda vida.
No imaginas: real es lo que iluminas...

09.10.2023

92

A mis cinco sentidos, perdón os pido,
pues un exceso de control os he exigido...

Su olor fundió mi hipotálamo.
La silueta de su rostro me produjo ceguera.
El sabor de su aliento cuando respira
bloquea el paladar.
Su sonido al dormir me embriaga
cual exceso de *brandy*.
El roce de su piel acelera mis latidos.

... Y si hay sexto, querrá seguir
despierto, pero dormido, pues menudo
sueño despertarse contigo.

12.10.2023

76

Cuando te marchas...

Qué controversia que, al encenderse
la luz, me pase la de un soplido
en una vela, pues es la alarma
que grita que te alejas y a mis estrellas
se las lleva el viento con melodía
de nostalgia.

Pero tu ausencia se recrea en
mi interior avivando fuego. Bendita
controversia en el juego de palabras
de que, si te vas, me quemo, pero
como fénix sobrevivo, pues por mucha
añoranza, cuando no te veo,
es cuando más te siento.

13.10.2023

88

Verte marchar es como arrancar descuidadamente la raíz de un árbol, cortar el capullo de la flor, cortarle la risa a un niño...

Separarme de ti es presión en el pecho, heridas en mis labios, me muerdo las manos...

No verte es la sed de un montañero, los calambres de un ciclista, la falta de luz en un motorista...

Observaré el reloj contando las horas, le gritaré los minutos y susurraré a los segundos... que pasen rápido...

para que vuelvas...

62

No sé decir «no sé»,
porque no sé si no sé nada
o no sé si lo sé todo,
pero no sé cómo hacerte ver
que, aun no sabiendo,
tu no sé y mi no sé
no sé qué nos hacen.

Pero, aunque lo sé,
sé todo lo que me lleva a responder:
«No sé
No sé vivir sin ti».

14

Lo sientes...
El fuego también cruje,
hace ruido... pues
así es,
latidos que encienden mi cuerpo
con un resultado imprevisible,
dibujando un sentimiento que, quizás,
pude imaginar, pero que ahora
siento cómo la ficción
se queda lejos de la realidad...

Hablamos de eso entonces...
De chimenea, de fuego, de tus ojos
del paralelismo,
de ti por delante... y nada más.

47

A mi felicidad...

¿Por qué?
Si no soy nada tuyo, ¿por qué?
¿Por qué?

Sencillo: el amor es la búsqueda de la
plenitud, y tú eres el pleno de
las caricias que alimentan mi alma
en todas las parcelas de mi vida...

15.10.2023

55

El fuego, como el hielo,
puede iluminar, pero también quemar.
A veces bien, a veces mal.
El yin, el yang.
Pero...
mil veces más
destrúyeme
para...
mil veces
volverte a encontrar...

15.10.2023

Final del viaje

Después de indagar en la respuesta de seguir (ver prólogo) aquí se acaba el viaje de este libro, no sé si habrá un segundo, pero quiero compartir contigo el motivo de este

Si no te diste cuenta aún...

Esta es la historia de una mágica realidad, que entró lenta mente pero constante, cual brisa de playa abierta donde poco a poco, la marea subió tanto que sus olas me cambiaron de playa, cuando se pudieron abrir los ojos y se apagó la ceguera por el amanecer de un sol rojo penetrante, encontré el paisaje más hermoso que puedes imaginar, una figura que daba sombra hasta la misma luna, dibujando un paisaje donde los sueños se hacen realidad, un motivo para creer, para luchar, para crecer, para echar raíces...

¡Ahora! El final de este libro no seré yo quien lo escoja, pues no está en mis manos, escribiré dos finales en el texto "100", previa parada en el texto "17", leerás ambos "100" y arrancarás el que no quieras, lo quemarás y lo enterrarás en tu lugar especial para que se cierre el círculo del ritual...

Una escalera para subir al cielo,
navegando hasta tu puerto, donde fundiste mi hielo,
acariciando mi destino, todo todo contigo

...

100 veces elegiría, 100 veces miraría
100 verdades escondidas, pues no hay letra que describa
lo que tu mirada protegía

Conversaciones con la luna
no termina, pues somos la
huella que dejamos atrás
y cuando te encontremos en el
cruce de miradas nos recordarás
la realidad

– Eternamente agradecido de tu tiempo -

100

Y... alzaste tu paso
sin esperar a nadie.
Te viste en el espejo
y no pudiste dejar de quererte.

Abrazaste a quien lo dejaría todo,
pero no te sentaste;
simplemente, caminaste.

Y... él
caminó contigo
desinteresadamente. Entendió
que quería todo, pero todo contigo.

15.10.2023

100

Y después de 54 conversaciones con la luna,
decidiste quedarte sentada.
Las miradas atrás quedaron;
el calor de tu cuerpo, sometido por el frío;
mi barco, tocado, hundido...

Recuerda: tu felicidad, mi prioridad.
Aunque mis lágrimas me impidan
leer lo que escribo, me quedo...
Me quedo contigo.

Echo a volar, te protejo en el cielo
en forma de recuerdo, como la energía eterna
que te mando con mi amigo universo.

Ojalá se queme para siempre.

15.10.2023

¡Porque tú existes!

¡Gracias!

Índice